Cybermobbing

Wenn das Mobbing durch den Computer agiert

Von

Juan Moisés de la Serna

Übersetzt von

Luigi Ambrosio

Editorial Tektime

2019

"Cybermobbing: Wenn das Mobbing durch den Computer agiert"
Geschrieben von Juan Moisés de la Serna

Übersetzt von: Luigi Ambrosio

Erstausgabe: Februar 2019

© Juan Moisés de la Serna, 2019

© Ausgaben Tektime, 2019

Alle rechte vorbehalten

Vertrieb durch Tektime

https://www.traduzionelibri.it

Vorwort

Das Cybermobbing ist eine moderne Form des Mobbings und kann jeden treffen. Es wird aber besonders beunruhigend, wenn es Minderjährigen sind, welche getroffen werden. In dieser kurz gefassten Einführung werden Antworten auf die wichtigsten Fragen dargestellt, welche dieses Thema betreffen. Antworten, welche alle Eltern mit schulreifen Kindern berücksichtigen sollten, wie zum Beispiel: Was ist Cybermobbing? Wie beeinflusst es das Leben des Opfers? Ist es möglich, Cybermobbing zu vermeiden? Und vor allem, was kann man machen wenn unser Kind davon betroffen ist? Finden sie alle Schlüsselaspekte des Cybermobbings heraus, dank der Resultate der neuesten Forschungen, welche in diesem Zusammenhang im psychologischen Bereich, durchgeführt wurden.

Danksagungen

Ich möchte die Gelegenheit nutzen, die Leute zu verdanken, die mit ihrer Hilfe die Verwirklichung dieses Werkes beigetragen haben, ganz besonders Dr. Abel González García, Direktor der Kriminologie Abteilung von der Universidad in Distancia de Madrid und Dr. Pilar Vecina, Direktorin der Neuropsychologie Abteilung von der "Instituto de Investigación y Desarrollo Social de Enfermedades Poco Frecuentes".

Juan Moisés de la Serna

An meinen Eltern gewidmet

Inhaltsverzeichnis

Kapitel 1. EinfÜHrung im Cybermobbing

Sicherlich haben Sie in den Nachrichten gehört, wie immer jüngere Menschen in Mobbingfälle durch die digitalen Medien betroffen sind, aufgrund der jeweiligen übermässigen Verwendung und vor allem für die Anonymität, die das Netz garantiert.

Das Cybermobbing umfasst ein Akt der Demütigung, Erpressung und sogar Schikanierung durch eine oder mehrere Personen gegenüber einer andere. Dies kann vorkommen, wenn man als „anders" angesehen wird, zum Beispiel wenn man grösser ist, etwas dicker, ein Fan einer anderen Fussballmannschaft ist...

Anhand der Trends der Suchaufträge und deren Resultate durch Google mit dem Begriff Cybermobbing, kann man vom 2004 bis zum 2017 aus diversen Definitionen in der ganzen Welt feststellen, dass es die Philippinen war, gefolgt von Australien und Neuseeland, welche sich als erstes Land darum gekümmert hat. Von den 45 Ländern, welche aus den Resultaten von Google auftauchen, bleiben die Vereinigten Staaten in siebter Position, während Spanien die Position 36 belegt. Die letzte Position wird von der Türkei besetzt.

Dies wiederspiegelt jedoch nicht die Anzahl Fälle von Cybermobbing im jeweiligen Land, sondern nur die Male, wo dieser Begriff gesucht wurde. Es kann nämlich sein, dass wenige Fälle von Cybermobbing in einem Land auftreten, in dem aber die Bevölkerung eine gewisse Sensibilität zum Thema aufbringt und somit diesbezüglich viele Recherchen auf Google hat.

Im Gegenzug kann es ein Land geben, in welcher das Cybermobbing institutionalisiert ist, aber mangelndes Bewusstsein des Problems existiert und folglich keine Recherchen diesbezüglich auftreten.

Zu beachten ist, dass unter den ersten zehn Länder, die diesen Begriff auf Google suchen, fünf davon zu den sogenannten Erste-Welt-Länder gehören, nämlich Australien, Neuseeland, Grossbritannien, die Vereinigten Staaten und Kanada.

Es wird ferner hingewiesen, dass auf globaler Ebene ein erheblicher Anstieg des Gebrauchs dieses Begriffes im Laufe der Jahre erfolgt ist, über 65% der durchgeführten Recherchen im 2017 gegenüber dem 2004.

Wenn man eine Gesamtbetrachtung der Entwicklung der Recherchen auf Google auf saisonaler Ebene durchführt, kann man in den Herbstmonaten von September und Oktober eine erhöhte Anzahl an Recherchen im Zusammenhang zum Thema Cybermobbing feststellen; während in den Sommermonaten von Juli und August und im Winter, von

Dezember bis Januar, weniger Recherchen durchgeführt werden.

Es treten auch Fälle von Cybermobbing mit sexuellem Inhalt auf, ist aber nicht ausschliesslich. In vielen Fällen ist der sexuelle Inhalt nicht das Endziel des Stalkers, wird aber immer mit dem Ziel verwendet, das Opfer zu demütigen und zu erpressen.

<<Was ist das Cybermobbing?

Das Cybermobbing ist eine Form von Quälerei und Missbrauch bei Jugendlichen im schulreifen Alter, ist durch den Gebrauch der Kommunikation zwischen dem Cyberspace kennzeichnet, um die totale Ausgrenzung von der Lebensgemeinschaft der eigener Schule des Opfers zu erlangen. >>

Dr. Abel González García, Direktor der Kriminologie Abteilung, U.D.I.M.A. (Universidad a Distancia de Madrid)

Es ist zu erwarten, dass je mehr die Beliebtheit der Technologie steigt, das Gleiche auch mit den Vor- und Nachteilen seiner Benutzung und Missbrauch passiert, Cybermobbing eingeschlossen. Es bleibt diesbezüglich jedoch noch viel zu untersuchen, auch weil in vielen Fällen der gemobbte Minderjähriger seinen Täter nicht anzeigt, gerade weil er erpresst wird.

Trotz dieser Situation der Ungewissheit, haben einige Regierungen Massnahmen ergriffen, um die schädlichsten Auswirkungen auf die Gesundheit zu verhindern, auch weil in einigen Fällen der Minderjährige zum Selbstmord gebracht wird, weil er aus Verzweiflung nicht mehr weiss, wie er aus einer solchen Situation herauskommen kann.

<<Ist das Cybermobbing in den letzten Jahren angestiegen?

Aufgrund der intensiveren Nutzung der Online-Kommunikation, vor allem der Social Networks (Twitter, Facebook, Ask.fm, WhatsApp, etc.) scheint es in den letzten Jahren tatsächlich ein Anstieg des Cybermobbings gegeben zu haben.

Heutzutage benutzen gewöhnlich fast 100% der Kinder von 10-11 Jahren aufwärts irgendein technologisches Gerät.

Logischerweise, bewegt sich die Aggression ausserdem in dieser neuen Richtung der Beziehung, da es einfacher ist, diese Art von Aktionen abzuschliessen. >>

Dr. Abel González García, Direktor der Kriminologie Abteilung, U.D.I.M.A.

Es handelt sich um ein sehr aktuelles Problem, darüber wird jedoch kaum in den Medien gesprochen; nur wenn ein Polizist ein Cybermobber verhaftet oder wenn die Opfer Suizid begehen. Nur in diesen extremen Fällen wird die Sichtbarkeit auf ein Problem gewährleistet, welches sich in den letzten Jahren verschlimmert hat.

Ein Problem, auf das anscheinend weder Eltern noch Lehrkräfte ausreichend vorbereitet sind. Sie sind nicht in der Lage, di ersten Symptome des Opfers aufzufangen und wissen nicht, wie sie in angemessener Art reagieren können, um das Problem zu beseitigen.

In diesem Zusammenhang haben diverse Regierungen Gesetze zum Schutz der Minderjährigen und der Prävention vom Cybermobbing angewandt, gerade um zu versuchen, die Ausbreitung dieses Phänomens zu stoppen, welches anscheinend in Mode gekommen ist.

Kapitel 2. Was ist Cybermobbing?

Der Begriff Cybermobbing, bekannt auch mit dem englischen Begriff Cyberbullying, ist eine Erweiterung des Mobbings, welches durch technologischen Mitteln, per Telefon oder Internet vollbracht wird, wodurch eine Person (Mobber) das Selbstwertgefühlt der anderen Person (gemobbter oder bullied) zu schwächen oder zu zerstören versucht. Dies indem bedrohliche, einschüchternde oder erpresserische Nachrichten, mithilfe von E-Mail-Service, Instant Messaging (wie Chat oder Messenger), S.M.S oder Social Network versendet werden.

Bevor sich die Nutzung der Technologie verbreitete, sah das Phänomen des Bullying oder Aggression ein persönliches Treffen zwischen dem Mobber und dem Opfer vor, begleitet von Beleidigungen, Bedrohungen und Verspottung, mit der Möglichkeit, dass dies zur physischen Aggression führen könnte, um für den Unruhestifter das zu bekommen, was er wollte.

Einige Experten machen eine Unterscheidung zwischen dem Begriff Cyberharassment, welches mit der Nutzung der neuen Technologien unternommen wird, und Cybermobbing, in dem ausschliesslich die Fälle, welche Angriffe zwischen Minderjährigen und mithilfe von technologischen Mitteln fallen würden.

Besonders besorgniserregend ist die steigende Anzahl von Fällen zwischen Jugendlichen, zum Beispiel in Spanien behauptet fast ein Drittel der Minderjährigen von 17 Jahren ein Opfer von Cybermobbing zu sein und sogar 19% gesteht, jemanden im Netz beleidigt zu haben. In Südamerika, nach den Daten der U.N.E.S.C.O., waren mehr als 50% der Grundschulkinder in der Schule Opfer von Mobbing, eine Gefahr, dessen Macht im Netz wächst.

Eine Realität, gemeldet von diversen Studien, für ein Drittel der Studenten über 17 Jahren in den Vereinigten Staaten; die Zahl auf globaler Ebene geht von 17% bis zu 48%.

Trotz seiner Tragweite, vor allem wenn die Betroffenen Minderjährigen sind, wird es nicht zu den schädlichsten und häufigsten informatischen Verbrechen betrachtet, wie es die Identitätsdiebstahl oder die Spammer sind...

Ich erinnere mich noch, im Rahmen von einem meiner Aufenthalte zu Forschungszwecken an der Universität von Guadalajara (Mexiko), hing am schwarzen Brett neben dem Eingang immer eine Mitteilung, die informierte, dass wenn man eine E-Mail von Banamex (eine von den grössten und ausgedehntesten Banken von Mexiko) erhielt, man nicht darauf antworten solle.

Sie erklärten nämlich, dass in der E-Mail das Password zur Reaktivierung des Kontos verlangten und darum es erforderlich war, die Kontodaten zusätzlich zu den persönlichen Daten einzugeben.

Die „Falle" bestand darin, dass die Nutzer über einen Link zu einer falschen Seite weitergeleitet wurden, aber identisch zu der offiziellen Seite der Bank war.

Sobald die persönlichen Daten, sowie die vom Konto, eingegeben und auf „senden" geklickt wurde, erhielt man eine Nachricht wo darin stand, dass alles in Ordnung sei und man weiterhin das Bankkonto verwenden konnte.

Was man nicht wusste war, dass diese Mail niemals von der Bank gesendet wurde und dass die eingegebenen Daten „freiwillig" zugänglich für die Identitätsdiebe und kybernetische Kriminelle wurden.

Ein Verbrechen, dass früher per Post begangen wurde, wo die Daten für ein Abonnement für eine Zeitschrift angefragt wurden und heutzutage immer noch auf den Strassen unternommen wird, wo eine Person, welche sich für einen Mitglied einer Institution im sozialen Bereich ausgibt und die persönlichen Daten, sowie die vom Bankkonto, für ein angebliches Abonnement verlangt. In Wirklichkeit hatte diese Institution niemals diese Person eingestellt, um persönliche Daten anzufragen.

Das Endergebnis ist dasselbe, es werden „absichtlich" persönliche Daten und Bankdaten geliefert aber ohne zu wissen, wie sie dann verwendet werden.

Im Gegensatz zu anderen informatischen Straftaten, in dem der Täter versucht, keine „Spur" über seine Aktionen zu hinterlassen, zum Beispiel die Identität von jemandem zu wechseln oder an die persönlichen Informationen und an den Bankkontonummern zuzugreifen; im Fall des Cybermobbings stehen wir vor einer direkten Konfrontation zwischen dem Opfer und dem Täter, obwohl der Zweitgenannte die Anonymität bewährt. Dies weil der Täter will, dass sein Opfer sich bewusst wird, einer zu sein und er dagegen nichts unternehmen kann, als eine Form von Einschüchterung und Strafe. Kurz gesagt: eine Machtdemonstration.

Es ist selten, dass das Cybermobbing durch mehr als eine Person stammt, im Gegensatz zum generellen Mobbing oder im schulischen Rahmen und sogar bei Belästigung am Arbeitsplatz, welche von zwei oder mehreren Personen verursacht werden können. Ein weiterer Unterschied zwischen Cybermobbing und der direkten Aggression ist, dass im zweiten Fall die anderen, seien es Klassenkameraden oder Arbeitskollegen, können eine Unterstützungsquelle darstellen, eine Förderung der aktuellen Situation, um somit mehr als nur Zeugen der Machtmissbrauch zu werden. Diese nehmen nämlich in vielen Situationen aktiv daran teil, den Täter anzustiften oder um ihn sogar zu rechtfertigen, sodass sich dieser über seine Taten legitimiert fühlt, da er keine Art von Vorwurf oder Reaktion von der Gruppe erhält.

Auf der anderen Seite, in Fällen von Cybermobbing, existiert „der Andere" nicht, so wie es der Wunsch auf Bekanntheit oder sich vor den anderen aufzuspielen durch den Quäler nicht gibt. Der Andere verschwindet einfach, damit das aggressive Verhalten erhalten bleibt und in dem Wissen, dass man eine andere Person verletzt hat, gedeiht das Machtgefühl.

<<Wann und wie muss die Polizei in Fällen von Cybermobbing handeln?

Wenn man sicher ist, dass eine Person Opfer einer solchen Situation ist oder war, wie bereits vorhin gesagt, ist es notwendig die einschlägigen Beweise der Polizei zu unterbreiten, damit eine Meldung gegenüber der Person oder das Profil der Person, welche die Einschüchterungen erhielt, ausgestellt werden kann. Es müssen die Belästigungen oder die Einschüchterungen beschrieben werden, mit denen die Person befasst wurde, zusätzlich zur Festlegung des Zeitraums, in denen diese Aktionen durchgeführt wurden. >>

Pilar Vecina, Direktorin der Neuropsychologie Abteilung des Instituts der Investigación y Desarrollo Social de Enfermedades Poco Frecuentes.

Es existieren Unterschiede bei der Lösung von Mobbing- und Cybermobbingfälle; im erstgenannten Fall, kann die Anzeige an einem Chef, oder im Fall der Schule an einem Lehrer, ausreichend sein um es zu stoppen, während im zweiten Fall keine definierte Behörde existiert, um eine solche Straftat zu bremsen.

Deswegen sind viele Regierungen neue Gesetze am implementieren, um diese Art von Aktionen zu bremsen versuchen, vor allem die gegenüber den Minderjährigen, welche durch Erwachsenen stattfinden, die weit mehr als nur die simple Erniedrigung des Opfers erreichen wollen. Für diejenigen, die nicht in der Lage sind, der ausgesetzten Last der Erpressung standzuhalten, kann dies in Selbstmord enden.

Die Vorschläge, die sich auf den Tischen der Regierungen befinden, sind verschieden, von der Schaffung einer spezialisierten Polizei, die damit beauftragt wird, die Täter zu identifizieren, damit ihre Anonymität im Netz beendet wird, oder Strafgesetze, geschaffen genau um solche Fälle zu behandeln, in der sogar eine Gefängnisstrafe für den Cybermobber droht, als Weg zur „Entmutigung" dieses Verhaltens, aber auch als Strafe für Wiederholungstäter.

Aus den obigen Ausführungen ist klar, dass das

Mechanismus für den Cybermobbing zu stoppen viel komplexer als das Verhalten selbst ist, deswegen sollte die Anzeige so schnell wie möglich gemacht werden, damit die zuständigen Behörden handeln und somit grössere Schäden vermieden werden können.

<<Wann und wie muss das Gericht in Cybermobbingfälle handeln?

In diesem Fall hängt es von der Ernsthaftigkeit und des Umfangs der Sache an. Man weiss, dass ab 14 Jahren die Minderjährigen schuldfähig sind, daher hängen die Massnahmen der Justiz auch vom Alter der Täter ab. Zum Beispiel im Falle des Grooming, die Kontaktaufnahme eines Minderjährigen durch einen Erwachsenen (der sich als Minderjähriger ausgibt), um eine sozial-emotionale Verbindung herzustellen und um ihn zu missbrauchen, sind die Sanktionen anders, da ein Erwachsener für einschüchternde Aktionen verantwortlich ist, viel schlimmer als wenn wir sie mit einem Jugendlichen von 16 Jahren vergleichen, der irgendwelche Art von Nacktbildern des Opfers gesendet hat.

Jedenfalls ist es wichtig Anzeige zu erstatten, damit Gerechtigkeit gemacht werden kann, da die Identität der Person ernsthaft beschädigt wird, unabhängig von der Art des Cybermobbings, von der man spricht.>>

Pilar Vecina, Direktorin der Neuropsychologie Abteilung des Instituts der Investigación y Desarrollo Social de Enfermedades Poco Frecuentes.

Kapitel 3. Opfer- und Täterprofil

Das Cybermobbing ist eine Machtsituation, normalerweise such man die Erniedrigung, die Erpressung und sogar die Schikanierung der anderen Person. All dies mit dem Wissen auf „Straffreiheit", das heisst, dass man nicht entdeckt wird und dass man keine Strafe dafür erhält, da es für den Cybermobber ausreicht, den PC auszuschalten und sich nicht mehr mit dem Opfer in Verbindung zu setzen.

<<Gibt es Unterschiede im Profil zwischen denen wo Mobbingopfern in der Schule sind und denjenigen wo es von Cybermobbing sind?

Die Auswirkungen sind meistens sehr ähnlich. In beiden Fällen treten signifikante physische oder somatische Veränderungen (gastrointestinale Beschwerden, Magenschmerzen, Gewichtsverlust...) auf, sowie auf psychologischer Ebene (Schuldgefühle, Verminderung des Selbstwertgefühl, emotionale und verhaltensbezogene Veränderungen...), auf sozialer Ebene (Isolierung, Schwierigkeit das Haus zu verlassen...) und sogar auf die Rekonstitution der bereits erworbenen Gewohnheiten.

Ein Unterschied, dass wir während den Besuchen

beobachten konnten, ist zum Beispiel, dass einige Personen, die irgendeine Art von Cybermobbing erlitten, dann eine Phobie gegenüber der Technologie entwickelt haben. Es wurde festgestellt, dass auch beim Hören des Wortes „Computer" oder „Handy", eine starke, markante und beunruhigende Symptomatik auslöst, die behandelt werden muss. >>

Pilar Vecina, Direktorin der Neuropsychologie Abteilung des Instituts der Investigación y Desarrollo Social de Enfermedades Poco Frecuentes.

Einer der Vorteile bei der Festlegung des Opferprofils, ist die Chance auf Präventionspläne zu verfügen, indem spezielle Aufmerksamkeit auf die anfälligste Bevölkerungsgruppe schenkt, aber wie sieht das Profil derjenigen aus, die gemobbt wurden oder die Mobbing im schulischen Bereich erleben?

Das ist es, was die C.F.K. öffentliche Gesundheit und Qualitätsverbesserung der zentralen Region von Dänemark, die Universität der Klinischen Studien, die Universität von Parken und die Universität von Aalborg (Dänemark) herauszufinden versuchten, dessen Ergebnisse im wissenschaftlichen Fachblatt B.M.C Psychologie publiziert wurden.

An der Studie haben 3681 Schüler mit einem Alter

zwischen 14 und 15 Jahren teilgenommen. Derselbe Schüler wurde im Alter von 17 und 18 Jahren beurteilt, aber nur 2181 Schüler haben die Studie beendet.

Nach einer zweiten Zählung arbeiteten davon 125, 348 hatten einen Lehrvertrag, 1305 einigten sich zwischen Arbeit und Studium und 478 hatten keine Arbeit. Von allen wurden die Personaldaten registriert, wie auch das Familieneinkommen, das Bildungsniveau der Eltern...

An den Teilnehmenden wurden in beiden Zeitpunkte der Messung drei Fragen gestellt, in denen sie angeben mussten, ob sie Opfer von Mobbingfälle waren und falls ja, mit welcher Frequenz.

Sie mussten auch einen Fragebogen von Standardfragen über ihre Beziehung mit der Familie beantworten, bewertet durch das Parental Bonding Instrument und der F.A.D.G.F. Skala (Family Assessment Device- General Functioning). Es wurden auch zwei Gesundheitsmarker bewertet, wie die Anzahl der verbrauchten Zigaretten pro Tag und das Vorkommen oder weniger von Übergewicht.

Schliesslich wurde die Persönlichkeit der Jugendlichen mittels einer Selbstachtungsskala evaluiert, die „Rosenberg's" Global Self-Esteem Scale" und die „Brief C.O.P.E Scale" wurde eingesetzt, um die Fähigkeit zu bewerten, wie man mit Stresssituation umgehen kann.

Die Resultate haben einen Rückfall in den Opfern festgestellt, die bereits Mobbingfälle erlitten haben; diese leiden jetzt am Arbeitsplatz darunter.

Die Autoren der Studie haben die verwickelten Merkmale in diesem erneuten Auftreten analysiert und haben bewiesen, dass diejenigen, die am meisten darunter litten, diejenigen waren, die niedrige Niveaus an Selbstachtung aufwiesen, mit überfürsorglichen Eltern lebten, einen durchschnittlichen sozioökonomischen Niveau und einen nicht hohen Zusammenhaltsgefühl hatten.

Im Hinblick auf die Vielfalt des Profils zwischen einer Person, die durch direktes Mobbing getroffen wurde und einer durch Cybermobbing, scheint es nicht viele Unterschiede zu geben, einige Studien behaupten sogar, dass diejenigen, welche Opfer von Mobbing im schulischen Bereich waren, eher geneigt sind, auch Opfer von Cybermobbing zu werden. Die Gründe scheinen nicht klar zu sein, auch wenn das tiefe Selbstwertgefühl der misshandelten Person, und manchmal das starke Viktimisierungsgefühl, die Ursachen für das Ziel eines informatischen Mobbings sein können.

<<Welches ist das Profil des Opfers?

Es gibt ein interessantes Phänomen, bzw. es existiert

ein erhöhter Prozentsatz von Opfer-Täter gegenüber dem traditionellem Level (Mobbing), dies könnte daran liegen, dass online die Opfer mehr Ressourcen zur Verfügung haben um sich den Aggressionen gegenüber zu stellen.

Im Hinblick auf das Profil, unterscheidet er sich nicht wesentlich zum Mobbingopfer:

- Passive Opfer (die an den Aggressionen nicht reagieren und in einigen Fällen sind sie nicht mal bewusst ein Opfer zu sein)

- Opfer-Täter, mit stärkerer Impulsivität und niedrigerer Selbstwertgefühl gegenüber dem Rest der Studenten, betrachten ausserdem, dass im Internet alles erlaubt sei und aus diesem Grund sehen sie Erleichterungen für die Aggression an. >>

Dr. Abel González García, Direktor der Kriminologie Abteilung, U.DI.MA.

Ein Cybermobber zu werden hat viel mit dem Benehmen und mit der Art zu tun, wie er der „Erfolg" der Aggression fühlt. Laut Bamford gibt es fünf Arten von Cybermobbing:

- Anonyme, wenn der Täter seine Identität verbirgt.

-Brandstifter oder Trolls, die den Anderen zu provozieren versuchen.

- Aggression im eigentlichen Sinne, in diesem Fall gibt

es eine direkte Aktion, die auf Beleidigung zielt.

- Angeber, in dem privates Material ohne die vorherige Genehmigung des Besitzers gezeigt wird (normalerweise mit sexuellem Inhalt).

- Ausgrenzung, in dem man versucht, das Opfer zu isolieren.

Das bedeutet, obwohl man von einem Täterprofil spricht, ändert dies in Wirklichkeit abhängig von der Art und Weise des Handelns, des Ziels, des Opfers...

<<Welches ist das Profil des Täters?

Auch in diesem Fall gibt es Unterschiede in der Rolle der Täter ausschliesslich im Offline-Bereich: Im Fall des Cybermobbings gibt es ein Prozentsatz von Aggressoren, die lediglich online wirken, bzw. nie in traditioneller Weise. Das kann so sein, weil sie beim Online-Angriff mehr Erleichterungen sehen (Anonymität, einfach zu bedienende digitale Instrumente, schnelle Verbreitung...). >>

Dr. Abel González García, Direktor der Kriminologie Abteilung, U.DI.MA.

In den letzten Jahren wurde unter den Jüngeren die Praktik des Sexting bekannt, definiert als das Akt des Teilens per Internet von Texten, Fotos oder Videos mit sexuellem Inhalt, eine Praktik, die mit der steigenden Anzahl Stunden, welche die Jugendlichen vor dem PC verbringen, einher geht.

Etwas was man bis jetzt nicht als ein Problem angesehen hat, da man das wirkliche Ausmass nicht kennt. Einige Studien weisen von 3% bis auf 32% aufgrund des Alters auf und deren Auswirkungen sind nicht bekannt, man weiss nicht, wie es die Jugendlichen beeinflusst. Wissen Sie, ob Ihre Kinder Sexting machen?

Das ist genau das wo man mit einer Forschung der Autonome Universität von Madrid (Spanien) zusammen mit der Nationalen Universität von Entre Ríos (Argentinien) herauszufinden versuchte, deren Ergebnisse in der Fachzeitschrift Psicothema publiziert wurden.

An der Forschung haben 3223 Jugendlichen teilgenommen, davon 49.9% Mädchen mit einem Alter zwischen 12 und 17 Jahren.

In den Eigenschaften dieser Probe steht die Tatsache fest, dass sie ihre Freizeit im Durchschnitt 2,21 Stunden am Tag und 3,02 in den Wochenenden dem Internet widmen, also unter Ausschluss der verbrachten Zeit mit schulischen Aktivitäten.

Im Bereich der Social Networks, ist das meistverwendete Instagram (64.8%), gefolgt von YouTube (61.5%(, WhatsApp (33.8%), Snapchat (18.3%), Twitter

(13.6%), während das am wenigsten verwendet Facebook ist (11.9%).

Es wurde ihnen ein standardisierter Fragebogen namens Sexting Questionnaire verabreicht, um die Verhaltensweisen des Sextings des letzten Jahres festzustellen. Um die verschiedenen Persönlichkeitsmerkmale zu ermitteln, wurde hingegen das G.S.O.E.P (Sexting Questionnaire und German Socio-Economic Panel) zusammen mit der BF.I.-S (Big Five Inventory) angewendet.

Die Resultate zeigen, dass 13.5% der Jugendlichen im letzten Jahr Sexting praktiziert hat, davon hat 10.8% Nachrichten verschickt, 7.1% hat Fotos geteilt und 2.1% hat Webcam-Chat mit sexuellem Inhalt gestartet.

Erhebliche Unterschiede konnten im Zusammenhang mit dem sexuellen Texteversand nur geschlechtsabhängig beobachtet werden, da es in grösserem Mass bei den Männer war (12.1%) im Gegensatz zu den Frauen (9.4%).

Es besteht ein bedeutender Anstieg der Sexting-Praktiken mit zunehmendem Alter der Minderjährigen, es geht von 3.4% vom Sexting bei 12 Jahren bis zu 36.1% im Alter von 17 Jahren.

Im Vergleich zu den Persönlichkeitsmerkmale in der Ausübung des Sexting, kann man ein positiver und signifikanter Zusammenhang mit dem Neurotizismus und ein negativer mit der Extraversion feststellen.

Das heisst, dass die Jugendlichen mit einem hohen Level an Neurotizismus auch diejenigen waren, die mehr Sexting ausübten, auf der gleichen Weise waren die wo einen höheren Level von Extraversion hatten, auch diejenigen, die weniger Sexting ausübten.

Man muss berücksichtigen, dass man diese Resultate von den Äusserungen der Minderjährigen erhält und nicht von der Erfassung ihrer Accounts, um direkt die Informationen extrahieren zu können, mit denen die Bestätigung des tatsächlichen Masses von Sexting erhält, aufgrund des Problems der sozialen Erwünschtheit. Mit diesem Text manipuliert der Teilnehmer die Antwort, indem auf das antwortet wird, was er zu erwarten glaubt, zum Beispiel ohne die Erkenntnis auf die genau Anzahl der Ausübung des Sexting zu haben.

Nichtsdestotrotz was oben soeben genannt wurde, ist anzumerken, dass die Daten ziemlich beunruhigend sind: ein Jugendlicher auf drei, zwischen 17 und 18 Jahren, greift regelmässig auf Sexting zurück, was auf ein Mangel der persönlichen Entwicklung zurückzuführen ist.

Aus diesem Grund wäre es wichtig, Fortbildungsprogramme für die jüngsten festzulegen, damit sie mit den anderen eine Beziehung in geeigneter Weise aufbauen können, vor allem mit dem anderen

Geschlecht.

Es ist zu berücksichtigen, dass diese Praktik, abgesehen vom Einfluss der sie auf die sexuelle Entwicklung der Person haben kann, dem Nutzer deutlicher an Cybermobbing in Form von Exhibitionismus aussetzen kann, da der Akt des Cybermobbings die Verbreitung, ohne die Einwilligung des Besitzers, von privatem Material (normalerweise mit sexuellem Inhalt) umfasst.

Kapitel 4. Symptome des Cybermobbings

Beim Vorkommen eines Vorfalls von Cybermobbing, treten eine Reihe von Symptome auf, welche den Angehörigen und den Lehrkräften Hinweise auf das was dem Schüler gerade passiert, geben können. Es ist wichtig zu beachten, dass je mehr Zeit man dem Cybermobbing ausgesetzt ist, desto schlimmer können die Konsequenzen sein, wie Stress und Angst, begleitet von Hilflosigkeitsgefühle, Wut, Müdigkeit und allgemeine Verzweiflung.

Neben dem privaten Leben, bringt das Cybermobbing eine Reihe von Auswirkungen auch in den sozialen Beziehungen des Gemobbten mit sich, sei es mit den Angehörigen als auch mit den Mitmenschen; Aufgrund des Interessensverlustes und der ständig begleitender Müdigkeit, werden auf gleicher Weise die schulischen Leistungen nachlassen. Genau der drastische Rückgang der schulischen Leistung kann den Eltern und den Lehrern zu verstehen bringen, dass etwas nicht stimmt.

Auf der gleichen Weise wird die Selbstachtung sinken, das Opfer wird sich hilflos und schuldig fühlen wenn es sieht, wie sein intimes und privates Leben angegriffen wird, ohne zu wissen, wie man es stoppen kann. Es können bedeutende Persönlichkeitsveränderungen, wie feindseligen, misstrauischen und sogar besessenen Haltungen des Schikanierten auftreten.

Wenn die Misshandlung im Internet auf Dauer besteht, können die auftretenden Symptome in regelrechte Krankheiten führen. Krankheiten, die physischer Natur sein kann, aufgrund der Somatisierung des Drucks, des Schlafmangels oder von Schmerzen der Anspannung, oder sogar psychologischer Natur, mit dem Auftreten von depressive und sorgenvolle Phasen, die respektiv ein grösserer Depressionszustand oder ein posttraumatischer Stress auslösen können.

Ein zurückhaltendes und unberechenbares Verhalten, Schlafprobleme oder Überanstrengung sind die ersten Symptome, die den Eltern helfen können, Cybermobbing festzustellen.

Das Opfer kann unruhig erscheinen, sogar gereizt, wird sich von den anderen isolieren und wird vermehrt Zeit mit dem Internet verbringen, ohne jemanden wissen zu lassen, was es tut.

Im Anschluss werden Stück für Stück introvertierte Verhaltensweisen, soziale Ausgrenzung und Rückgang der Leistung auftreten, alles „Hinweise" für Lehrkräfte, dass der Schüler ein Problem haben könnte.

Die Mitschüler ihrerseits werden feststellen, dass das Opfer ihnen weniger Zeit schenkt, auch auf den Social

Networks, da der Mobber normalerweise versucht, es zu „monopolisieren".

<<Wie unterscheidet sich das Cybermobbing vom Mobbing?

Einige Wissenschaftler betrachten es als eine Form des indirekten Mobbings, andere betrachten es als ein anderes Phänomen wegen der folgenden Merkmale:

- Ein breiteres „Publikum" erreichen (es beschränkt sich nicht nur den Leuten im schulischen Bereich).

- Der Täter erkennt die Ernsthaftigkeit des Angriffs nicht (weil er die Reaktion des Opfers nicht sehen kann).

- Das Opfer hat keinen Ort, wo es sich verstecken könnte, manchmal ist es sich nicht mal bewusst, ein Opfer zu sein (zum Beispiel in Fällen von Identitätsdiebstahl um falsche Profile in den Social Networks anzulegen).

Es gibt eine Bandbreite der Täter von 12-20%, die nur online wirken.

Andererseits gibt es im Online-Bereich auch eine breitere Messziffer von Täter-Opfer. >>

Dr. Abel González García, Direktor der Kriminologie Abteilung, U.DI.MA.

Kapitel 5. Folgen des Cybermobbings

Es handelt sich um eine beträchtliche Stresssituation, worauf man normalerweise nicht vorbereitet ist, darüber hinaus verlässt es sich auf die Ansporn, die der Täter immer zu nutzen versucht, nämlich das „sag es niemandem", die man als Druckmittel-Strategie nutzt.

Dieser Druck wird sich sehr im Bildungsbereich wiederspiegeln, im Fall der Leistung, als auch in den sozialen Beziehungen und sogar in der Selbstachtung.

Wenn ein Erwachsener angegriffen wird, hat dieser üblicherweise mehr Ressourcen zu Verfügung, mit denen er die Situation zu vermeiden versuchen kann, zum Beispiel jeglicher Art von Kommunikation über das Internet abzubrechen.

Dem Angreifer scheint es nicht viel zu „interessieren", ob das Opfer eine Frau oder ein Mann ist, seine Recherche konzentriert sich auf die Profile der „schwächsten" Personen, emotional abhängig oder nicht ausreichend informiert oder vorbereitet, um ein solcher Angriff überwältigen zu können.

Die Person, welche Opfer von Cybermobbing ist, kann emotional sehr darunter leiden, sowohl auf psychologischer als auch physischer Ebene, bis zur Auftretung, in einigen Fällen, von psychosomatischen Erkrankungen.

Die scheinbare „Unfähigkeit" aus der Verfolgungssituation zu entkommen, wird langsam das Selbstbewusstsein der Zielperson des Cybermobbings untergraben, sodass es immer weniger an den eigenen Fähigkeiten glaubt und es in einem Opfer umwandelt.

<<Welche Folgen bringt das Cybermobbing?

In einigen Fällen sind die Folgen von grösserer Tragweite, da man auch bei einem Schulwechsel Opfer der Verfolgung bleiben kann, der Cyberspace kennt keine Grenzen.

Die Folgen von wiederholter Belästigung können langfristige Gesundheitsprobleme hervorbringen (Depression) und sogar eine Person erschaffen, die im Erwachsenalter keine Instrumente besitzt, um Viktimisierungssituationen zu bekämpfen (Mobbing, Gewalt in der Partnerschaft, ...), weil es gelernt hat immer zu verlieren und keine Hilfe zu erhalten. >>

Dr. Abel González García, Direktor der Kriminologie Abteilung, U.DI.MA.

Durch die ständige Exposition am Cybermobbing, kann der daraus verursachte Stress eine Reihe von Konsequenzen mit sich bringen, welche schlimmer sein werden, wenn es minderjährige Opfer sind. Durch ihre noch nicht gut geformte Personalität sind sie nämlich weniger geschützt. Sie werden eine Reduktion des Selbstvertrauens verspüren, welche sich auf ihre Stimmung auswirkt, auf ihren schulischen Leistungen... und kann auch psychomatische Störungen mit sich bringen.

Das sind körperliche Erscheinungen von Störungen, wo aus innere Konflikte entstehen, die je nach Alter ändern werden:

- Bei den jüngsten, von null bis sechs Monate, sind sie auf die Ernährung limitiert, mit Koliken, Erbrechen und sogar Anorexie, sie können zudem von Schlaflosigkeit (neurologischer Gebiet) und von Atopie (dermatologischer Gebiet) begleitet werden.

- Von sechs bis 12 Monate, ändern die Erscheinungen im Ernährungsbereich und es tritt Durchfall, Colitis Ulcerosa und Widerkäuen ein, hinzu kommen Atemwegebeschwerden mit Asthma und Schluckauf Spasmen.

- In der Kindheit (nach 12 Monate) und in der Jugend bleiben die Atemwegebeschwerde bestehen, es ändert jedoch in der Ernährung. Man geht zur Anorexie, zur Bulimie, zur Fettleibigkeit, zum Magengeschwür, schlechte Laune bezüglich der Ernährung oder zu Unterleibsschmerzen über. Es vergrössert sich das

Spektrum der Erscheinungen im neurologischen Bereich mit Schmerzen, Migräne und das Tourette-Syndrom; Es erscheinen zudem neue Erkrankungen, zum Beispiel im endokrinesischen Bereich, mit Wachstumsverzögerung oder Diabetes; im Ausscheidungsbereich, mit Inkontinenz, Verstopfung, Enkopresis oder Megakolon; und im dermatologischen Bereich mit Haarausfall, Schuppenflechte, Trichotillomanie, Akne, Dermatitis oder Juckreiz.

Je weiter das man mit dem Wachstum geht, umso breiter wird die Vielfalt an psychomatischen Symptome sein, die man haben kann. Einige Autoren behaupten, es sei auf einer grösseren Kenntnis des persönlichen Schemas und des eigenen Körpers zurückzuführen, und von daher, auf einer stärkeren Herrschaft darauf.

<<Hinterlässt es Spuren, wenn man Opfer von Cybermobbing gewesen war?

Ja, auf jeden Fall. Während den Besuchen sehen und beurteilen wir wirklich bedeutende Fälle, in denen das Opfer von schweren depressive und ängstliche Störungen, an posttraumatischem Stress, an spezifischen Phobien, etc. gelitten hat. Aus diesen Gründen, empfehlen wir Fachkräfte im Gesundheitswesen, so schnell wie möglich eine Behandlung mit der Beteiligung von Therapeuten

(Psychiater oder Psycholog) zu starten, in denen die beobachtbaren Schäden des Opfers evaluiert werden und man dann so schnell wie möglich mit dem Aufholprozess beginnen kann.>>

Pilar Vecina, Direktorin der Neuropsychologie Abteilung des Instituts der Investigación y Desarrollo Social de Enfermedades Poco Frecuentes.

Kapitel 6. Wie muss man sich mit dem Cybermobbing verhalten?

Sobald das Problem identifiziert und die Handlungen des Cybermobbings unterbrochen wurden, bleibt noch der schwierigste Teil, nämlich die Wiederaufnahme eines normalen Lebens durch den Minderjährigen. Die Handlungen des Cybermobbings einfach zu beenden, wird dem Jugendlichen sein Selbstbewusstsein nämlich nicht zurückgeben. Es ist eine fortsetzende Arbeit notwendig, vorzugsweise mit einem Spezialisten, um somit zu garantieren, dass keine „Spuren" von der erlebten Aggression zurückbleiben.

Wenn sie nicht entsprechend behandelt wird, kann die Person Veränderungen im Verhalten und Beklemmung demonstrieren und wird für lange Zeit Schlafmangel haben.

Für den Fall, dass eine Person durch das Netz anfängt, Drohungen oder Beleidigungen zu erhalten, oder jemand kennt, der sie erhält, ist es wichtig jemanden zu informieren, der diese Situation stoppen kann, wie zum Beispiel einem Lehrer oder den Eltern, wenn es sich um ein Minderjähriger handelt. Diese müssen dann geeignete Massnahmen ergreifen, wie zum Beispiel den Zugang zum Internet verhindern, sowie eine entsprechende Anzeige zu erstatten, sodass die Behörden in angemessener Weise vorgehen können.

In diesem Sinne ist jedes Land ein eigener Massnahmeplan am Entwickeln, um die Fälle von Cybermobbing, koordiniert mit dem Justizwesen und der Polizei, zu bekämpfen, damit der Täter identifiziert werden kann und erste abschreckende Massnahmen eingeleitet werden können. Bei nicht Beendigung der Belästigungen, können andere Arten von Strafen eingesetzt werden, die auch bis zur Freiheitsstrafe führen können.

<<Was machen, wenn man ein Akt des Cybermobbings entdeckt?

Es herauszufinden ist schwierig, aber auf den kleinen Problemen Nachdruck zu geben kann dazu führen, dass wir ernstere Misshandlungsälle vermeiden können, weil es ein Prozess ist, dass von wenig bis immer mehr geht. >>

Dr. Abel González García, Direktor der Kriminologie Abteilung, U.DI.MA.

Die entscheidende Sache ist, es so schnell wie möglich herauszufinden, da die Effekte auf das Opfer von geringerem Umfang und das Aufholungsprozess schneller und effizienter sein werden. So kann das Auftreten von chronischen Symptomen vermieden werden. Diese können psychologische Beschwerden auslösen, die schwieriger zu überwinden wären.

Wenn das Opfer ein Minderjähriger sein würde, muss man als Erstes die Eltern informieren, damit sie eingreifen können. Wenn es Schulkameraden sind, die Cybermobbing praktizieren, muss man es der Schule melden, damit die nötigen Massnahmen eingeleitet werden können.

Wenn weder die Eltern noch die Schule diese Situation „bremsen" können, sollte man sich mit der zuständigen Behörde in Kontakt setzen, damit sie sich dem Fall widmen, den Täter identifizieren und bestrafen können.

Zusätzlich zu den Organisationen, welche sich der Kommunikation als Mittel zur Vermeidung des Cybermobbings aufwenden, existieren Polizeieinheiten, die im „Durchkämmen" des Internets spezialisiert sind, sowie auch in der Identifikation des Täters und der Formulierung der einschlägigen Anzeige gegenüber der Justizbehörde, um sie zu inhaftieren und zu bestrafen, sofern der Richter dies für erforderlich erachtet.

Obwohl es sich um ein relativ neues Phänomen handelt, haben einige Länder bereits eine Rechtsvorschrift angenommen, sodass dieses ganze Verfahren schneller und einfacher zu abwickeln ist, und sofern die spezialisierte Polizei eingreift, der Erfolg der Identifikation und der

Inhaftierung des Cybermobbers gewährleistet wird.

Die sanktionierbaren und strafbaren Normen für diese Art von Verbrechen ist aktuell geregelt, ungeachtet ob es ein sexueller Inhalt enthält oder nicht. All dies zur Verteidigung der Intimität der Person und damit ein wirksamer Schutz seiner Rechte vorhanden ist.

<<Was machen, wenn man ein Vorfall von Cybermobbing entdeckt?

Wenn man ein Vorfall von Cybermobbing entdeckt, ist die Hauptsache, sich um das Opfer zu kümmern, da es sich wahrscheinlich in einer Situation von grosser Hilflosigkeit befindet und, auf psychologischer Ebene, können diverse Risikofaktoren vorhanden sein, die in geringerem oder intensiverem Masse eine gravierende psychologische Störung auslösen könnten, sofern diese, in dem Moment als wir wissen, dass die Person Opfer von Cybermobbing war, nicht beobachtbar sind. Einige Leitlinien, um sich um das Opfer zu kümmern:

* Bedingungslose Akzeptanz und Verständnis.

* Bewusstes Zuhören und Respekt. Zeit geben. Das Erzählte nicht in Frage stellen.

* Mitgefühl (sich in ihre Lage versetzen). Vermeiden zu beurteilen: „Ich verstehe, dass es für dich sehr schwierig war, diese Situation jeden Tag zu erleben".

* Schutz und Begleitung anbieten.

* Nicht beschuldigen oder zurechtweisen. Sage nicht, was es hätte tun oder sagen sollen.

* Offene Fragen um ein fliessendes Gespräch zu fördern und einsilbigen Antworten zu vermeiden, „beleidigten sie dich auf Facebook?" anstelle von „in welchen Social Networks schüchterten dich ein?"

* Zusammenarbeit zwischen Familie und Bildungseinrichtung.

* Ein Durchführungsprogramm kurz darlegen.

* Hilfe von Experten aufsuchen. Beratungsdienste: z.B. Stiftung Alia2, Stiftung ANAR... Therapeuten.

In schweren Fällen: Anzeige. Staatsanwaltschaft der Minderjährigen, Polizei, etc. Elektronische Beratungen.

Im Hinblick auf dem Familienkreis ist es von grösster Bedeutung zu intervenieren, da in den meisten Fällen Schuldgefühle bei den Eltern auftreten, weil sie nicht gemerkt haben, was vor sich ging.

Es ist sehr wichtig anzuzeigen und versuchen alle möglichen und bestehenden Beweise der Verfolgung, der Erpressung oder der verbalen, psychologischen und/oder sozialen Misshandlung zu erlangen, die gegen das Opfer verübt wurden.>>

Pilar Vecina, Direktorin der Neuropsychologie Abteilung des Instituts der Investigación y Desarrollo

Social de Enfermedades Poco Frecuentes.

Als ob der Stress in der Schule nicht genug wäre, mit so viele zu studierenden Fächern, verbreitet sich die Situation der Belästigungen über das Internet immer weiter aus.

Allein schon im letzten Jahrzehnt erlebte man eine deutliche Steigerung von Mobbingfälle im schulischen Bereich im jugendlichen und vorpubertären Alter. Heutzutage hat diese neue Art von Misshandlung, obwohl keine direkte, die gleichen negativen Folgen für das Opfer, sei es für die physische als für die psychologische Gesundheit und hat, aufgrund der erzeugten Verzweiflung, sogar zum Suizid einiger Personen geführt.

Glücklicherweise gab es in den letzten Jahren eine Erhöhung des Bewusstseins über Präventions- und Erziehungsprogramme von verschiedenen Institutionen, sowohl für die Jugendlichen damit sie melden, als auch für die Eltern und Lehrern damit sie eine Antwort auf eine Situation geben können, die für sie bis jetzt neu war. Aber wenn es wahr ist, dass sich die Schule in einem „geeigneter" Ort für diese Art der Misshandlung am Verwandeln ist, kann man denn das Cybermobbing von der Schule selbst aus bekämpfen?

Das ist es, was die Universität von Regents zusammen

mit der Universität von London (England) herauszufinden versuchten, deren Ergebnisse in der Fachzeitschrift International Journal of Emotional Education publiziert wurden.

An der Studie haben zwanzig Universitätsstudenten zwischen 21 und 30 Jahren teilgenommen, davon siebzehn Frauen, die in drei Gruppen (das Opfer, der Mobber und das „Publikum") aufgeteilt wurden. An jedem einzelnen wurde eine Rolle zugeteilt (Role-Play), die sie interpretieren und sich in der Lage des Charakters versetzen mussten. Mit den anderen Gruppenmitgliedern wurden die daraus erzeugten Gefühle und Emotionen kommentiert, um das Ganze dann mit den verschiedenen Gruppen zu teilen.

Die qualitativen Resultate deuten darauf hin, dass die Schüler sich leicht mit dem Mobber identifizieren und betrachten die missbrauchte Person als verantwortlich über ihre Situation, da man sie als Versagerin oder Aussenseiterin ansieht und finden es schwer, sich in ihrer Lage zu versetzen.

Dies zeigt, dass es notwendig ist, an der Figur des Täters und auf die beinhaltete Gewalt zu arbeiten, da es als eine „sozial akzeptable" Sache in einer wettbewerbsfähigen Welt angesehen wird, gleichzeitig sollte man an der missbrauchten Person arbeiten, um ihre

Rolle in korrekter Weise zu übermitteln: als Opfer und nicht als „sozialer Verlierer".

Wenn auch die Ergebnisse als Gefühlsdetektoren in Bezug auf deren Erarbeitung sind, ist es notwendig, dass das Ganze noch in einem erzieherischen Interventionsplan umgewandelt wird, der in andere Schulen und Universitäten eingeführt werden kann. Mit dieser Massnahme kann man diese „Epidemie" von Cybermobbing effektiv bekämpfen, wo bis jetzt, ausser durch die Anzeige an der Polizei, sich nicht stoppen lässt.

<<Gibt es ein Vorgehen, dass die Eltern oder die Lehrkräfte folgen können?

Für beide Fälle ist das Vorgehen, im Wesentlichen, das soeben genannte. Auf jeden Fall ist es auf der Ebene der Bildungseinrichtung wichtig, die Situation so zu nutzen, dass das Opfer von den Kameraden und den Lehrkräften unterstützt wird, sodass es das schulische Umfeld als positiv und vertrauenswürdig betrachtet, anstatt es als eine ungünstige Umgebung sieht, in der es verurteilt wird. Es wäre von entscheidender Bedeutung, die Minderjährigen auf die bestehenden Risiken der neuen Informations- und Kommunikationstechnologien zu sensibilisieren. >>

Pilar Vecina, Direktorin der Neuropsychologie

Abteilung des Instituts der Investigación y Desarrollo Social de Enfermedades Poco Frecuentes.

Kapitel 7. Therapeutisches Eingreifen in Cybermobbingfälle

Die Opfer von Cybermobbing, sobald dieser abgeschlossen ist, müssen Schritt für Schritt lernen, ihr Selbstvertrauen, sowie das Vertrauen in zwischenmenschlichen Beziehungen, wiederzufinden, bevor sie zu ihrem Leben zurückkehren können. Es handelt sich um ein langsamer Prozess, der sehr viel von der Zeit abhängt, in welcher man dem Cybermobbing ausgesetzt wurde und von dem stattgefunden Verlust in ihrer Persönlichkeit.

Es wird auf jeden Fall notwendig sein, dass das Opfer von Cybermobbing im Prozess der „Umstrukturierung" seines Lebens von einem Psychologen begleitet und gefolgt wird, der ihm beibringt und hilft, stressige Situationen zu bewältigen, während er an die Stärkung seines Selbstbewusstseins arbeitet. Darüber hinaus versucht er die sozialen Beziehungen zurückzugewinnen, ebenso eine normale Leistung gegenüber den akademischen Verpflichtungen nachzuholen. Um all dies zu erreichen, wird eine Reihe von Techniken angewendet, wie:

-Training in Injektion von Stress.

-Kognitive Verhaltenstherapie.

-Beschäftigungstherapie.

Auf der gleichen Weise, kann die Behandlung die Verwendung von Psychopharmaka beinhalten, um die Störungen zu heilen, die dem Cybermobbing zurückzuführen werden können, mit dem Ziel, die Symptome zu reduzieren. Es werden, je nach Fall, Antidepressiva und Beruhigungspillen angewendet. Sobald die Person anfängt, die Kontrolle ihres Lebens und ihrer Gefühle zurückzuerlangen, wird die Dosis dementsprechend reduziert, somit sie ihr Leben so normal wie möglich wieder aufnehmen kann...

<<Welche ist die geeignete Behandlung für ein Opfer des Cybermobbings?

Es gibt keinen spezifischen therapeutischen Eingriff, da die Ziele der Therapie und die Leitlinien der Veränderung von der vorgesehenen Bewertung der Person abhängen. Es ist notwendig ein Grundwert festzulegen, um die Priorität auf die Behandlung dem Patienten zu geben, der am meisten zerrüttet oder gequält ist.

In jedem Fall ist bekannt, dass anhand der durchgeführten Studien und meiner persönlichen Erfahrung, es bestimmte Gemeinsamkeiten gibt, die zwangsläufig Ziele der Behandlung werden, wie zum Beispiel: die Selbstachtung und die Idee von sich selbst, die sozialen und zwischenmenschlichen Fähigkeiten, die selbstsichere Kommunikation, der Ausdruck von Gefühlen, die verzerrten Gedanken, die Toleranz und die Frustration, etc....>>

Pilar Vecina, Direktorin der Neuropsychologie Abteilung des Instituts der Investigación y Desarrollo Social de Enfermedades Poco Frecuentes.

All dies ist darauf gerichtet, die mit einem erhöhten Stressniveau getroffenen Gebieten zu verstärken, die das Opfer aufgrund des Mobbings im Internet erlebt hat, neben der Demütigung und der Schikanierung, die es möglicherweise ertragen musste.

Dabei muss man berücksichtigen, dass es in vielen Fällen um junge Menschen geht, die sich noch in der Entwicklung befinden, in denen sehr wichtige Aspekte wie die Persönlichkeit und das Selbstbewusstsein vom Erfolg der sozialen Beziehungen mit ihren Altersgenossen abhängen. Das Cybermobbing stattdessen ermutigt und verursacht die Isolierung, in einigen Fällen wegen dem verursachendem Schamgefühl, in anderen Fällen weil man nicht in der Lage ist, das auszudrücken was soeben passiert, aber auch wegen den ständigen Drohungen, die man erhält.

Man darf nicht vergessen, dass in vielen Fällen ein Altersunterschied zwischen dem Mobber und dem Opfer gibt, die dem Ersten mehr Erfahrung zu haben ermöglicht, wenn es darum geht, vom Jugendlichen durch Lügen und Täuschungen das zu erhalten, was es will.

Das wird ein wichtiger Aspekt sein, um damit in der Therapie arbeiten zu können, wenn erstmal dem Missbrauch ein Ende gesetzt wurde; die Rückgewinnung des Vertrauens in den Anderen, in der Lage sein, sich zu neuen Freundschaften und Bekannten zu „öffnen", ohne die Befürchtung zu haben, wieder misshandelt zu werden. Es geht aber nicht darum, sich wieder mit jedem Fremden anzufreunden, eine Situation die dazu führte, ein Mobbingopfer zu werden. Man muss lernen, in den eigenen Kontakten diejenigen zu erkennen wo man sich befreunden kann und die „Fremden".

Genau wie die Müttern immer den kleinen Kinder sagten: „Sprich nicht mit Fremden", muss dieser Grundsatz in der Welt des Internets angewandt werden. Es ist an sich nicht „falsch", sich mit Fremden zu unterhalten, aber zu denken, dass der „Fremde" jemand sein kann, mit dem persönliche Angelegenheiten geteilt werden können, ist es doch.

Auch wenn es vorher gemacht werden musste, sollte man den missbrauchten Jugendlichen eine „angemessene" Nutzung der Technologie beibringen, wie sie sich von den schlechten Absichten verteidigen können und vor allem wissen, wie und an wem man sich bei Problemen wenden kann, um neue Situationen von Misshandlung vermeiden zu können.

All dies beim Versuch, den Grad des Selbstvertrauens zu „erhöhen", während man auf den „getroffenen" Persönlichkeitsaspekten arbeitet, sodass eine „normale" Entwicklung möglich ist.

Wenn man an Cybermobbing denkt, denkt man häufig nur an das Opfer, die jede Art von Beleidigung, Drohung und Provokation erhält, mit dem Ziel ihr Selbstbewusstsein zu schwächen. Doch es existiert auch eine andere Figur; die des Cybermobbers, die kaum in Erwägung gezogen wird.

Derzeit gibt es Präventionsprogramme für die Erziehung in der Schule und es wurden auch spezielle Nummern aktiviert, um die Fälle von Cybermobbing anzeigen zu können, damit die Polizei zur Identifikation des Cybermobbers eingreifen und somit seine Tätigkeit stoppen können.

In geringerem Masse gibt es Programme, um die Opfer von Cybermobbing zu helfen. In einigen Fällen, angesichts der fehlenden Unterstützung, handelt es sich um Vereinigungen, welche die Opfer selbst kreiert haben, um sich gegenseitig zu helfen. Aber wo am wenigsten Fortschritten gemacht wurden, ist bei der Behandlung des

Täters, da er immer als die „starke" Figur betrachtet wird. Aber ist es möglich ein Cybermobber zu „korrigieren"?

Mit einer durchgeführten Studie der Universität in Baskenland (Spanien), wollte man genau dies herausfinden, die in der Fachzeitschrift „Revista de Psicologia Clínica con Niños y Adolescentes" publiziert wurde.

In dieser Studie haben die Autoren entschieden, ein einziger Fall zu berichten, nämlich n=1, ein 14-jähriger Junge mit einer Vergangenheit als Cybermobber, der eine Behandlung Namens Cyberprogram 2.0 erhielt, welche zur Reduzierung des Cybermobbings diente.

Um die Effekte des Programms zu verifizieren, wurde das „Vorher" und „Danach" der Behandlung durch das Cybermobbing bewertet, um die Art der Misshandlung von Gleichaltrigen zu bestimmen. Es wurde das C.U.V.E.-R (Cuestionario de Violencia Escolar Revisado, der aktualisierte Fragebogen über schulische Gewalt) angewendet, um die Häufigkeit und die Art der angewendete Gewalt zu ermitteln; C.A.P.I.-A (Cuestionario de Agresividad Premeditada e Impulsiva en Adolescentes, der Fragebogen der vorsätzlichen und impulsive Gewalt in den Jugendlichen), um zwischen impulsive und vorsätzliche Gewalt zu unterscheiden; Die A.E.C.S (Actitudes y Estrategias Cognitivas Sociales, kognitiven und sozialen Haltungen und Strategien), um das soziale Verhalten zu analysieren; die R.S. (Kurzbezeichnung in Englisch für Selbstachtungsskala), um die Gefühle der Selbstachtung zu prüfen; der CONFLICTALK, um die Bewältigung von Konflikte zu bewerten und für das Mitgefühl zu messen wurde das I.E.C.A. (englisches Akronym für Emphatic Activation Scale) eingesetzt.

Die Behandlung besteht aus neunzehn Sessionen von je einer Stunde innerhalb sechs Monate, welche auf vier Ziele konzentriert sind: die Ermittlung des Cybermobbings zu vereinfachen, die Konsequenzen identifizieren, Strategien zu entwickeln um es zu bekämpfen und „Ausgleichsfähigkeiten" ausbauen, um die Aggressivität, sowie die Sozialkompetenz, die Selbstachtung... zu kontrollieren.

Die Ergebnisse zeigen eine Reduktion der Aggressivität vor und nach der Behandlung, eine Erhöhung des Selbstwertgefühls und der Kooperationsstrategien.

Es ist zu berücksichtigen, dass die wichtigste Einschränkung dieser Studie die Tatsache ist, dass es mit nur einer Person verwirklicht wurde, was die Schwierigkeit der Behandlung zeigt. Es ist aber notwendig, die Vorteile in mehrere Minderjährigen zu verifizieren, bevor man die Effektivität dieser Behandlung als gültig betrachtet werden kann.

Auf der gleichen Weise ist anzumerken, dass man den Minderjährigen nicht weiter verfolgt oder beobachtet hat, ob er nachträglich eine Cybermobber-Haltung oder weniger angenommen hat.

Trotz den soeben erwähnten Grenzen, ist es fair den geleisteten Aufwand, um ein oft vergessener Aspekt zu untersuchen, zu unterstreichen: Die Figur des Täters und wie man verhindern kann, dass er seine Gewalt weiterhin einsetzt, da obwohl der Eingriff auf das Opfer von wesentlicher Bedeutung ist, hinterlässt der Cybermobber weiterhin hinter sich neue Opfer, wenn er nicht entsprechend behandelt wird.

Daraus ergibt sich die Notwendigkeit, diese Art von Ermittlung weiterhin zu vertiefen um zu versuchen, eine Antwort auf ein immer mehr präsentes Problem in den Klassenzimmern zu geben, der grösstenteils das traditionelle Mobbing ersetzt hat.

<<Kann man der Cybermobber mit Erfolg behandeln?

Natürlich, und in den meisten Fällen kann man dies allein mit einem Eingreifen im Klassenzimmer machen, ohne dass eine individuelle Behandlung nötig sein muss.

Das Wichtigste ist, die Bedeutung der Aggressivität im

Hinblick auf die Konsequenzen des Opfers zu übertragen.

In diesem Fall ist die Rolle der Zuschauer (nämlich der Rest der Schüler) wichtig, sei es für den Täter sowohl als auch für das Opfer.

Dr. Abel González García, Direktor der Kriminologie Abteilung, U.DI.MA.

Kapitel 8. Kann man das Cybermobbing vermeiden?

Die grösste Sorge der Eltern ist zu vermeiden, dass die eigenen Kindern den Gefahren von Cybermobbing ausgesetzt werden, von denen sie kaum wissen, wie man sie beschützen kann, ausser am Minderjährigen zu sagen, nicht zu viel Zeit im Internet zu verbringen oder „pass auf mit wem du im Internet sprichst".

Man muss berücksichtigen, dass diejenigen die Cybermobbing erleiden, hauptsächlich junge Menschen und Jugendlichen sind, nämlich die, welche für ihr Alter, die „Gefahren" vom Internet nicht kennen oder sich dessen nicht bewusst sind.

Deswegen sollten die Präventionssmassnahmen an dieser Altersgruppe gerichtet werden, an denen beigebracht werden muss, was im Internet angemessen ist, was Cybermobbing bedeutet und wie man es meldet, da oft die an Cybermobbing ausgesetzten Minderjährigen nicht wissen, an wem sie sich wenden oder wie sie ihren Täter bewältigen können.

Die richtige Erziehung, angefangen von der Grundschule aber auch von der Seite der Eltern, ist für das Erlernen der „sicheren" Navigierung im Internet von zentraler Bedeutung. Das Problem ist, dass in vielen Fällen die Eltern nicht ausreichend über Social Networks und deren Funktion informiert sind, die ihre Kinder verwenden, die Chats oder I.R.C (Internet Relay Chat) die sie besuchen, etc...

Zu betrachtenden Empfehlungen, um das Cybermobbing und die daraus verursachten, negativen Effekte, zu verhindern:

- Es ist wichtig nur mit den Menschen zu kommunizieren die man kennt und nur ihnen den Zugriff auf persönliche Informationen zu gewähren.

- Akzeptiert keine Anfragen im Internet von unbekannten Personen oder blockiert den Zugriff von denen, die uns nicht interessieren.

- Vorsicht auf Nachrichten, Fotos, Video oder persönliche Informationen (Adresse, Telefon...) die man veröffentlicht oder mit wem man sie teilt, da diese von Dritten gegen uns angewendet werden können.

- Wenn man anfängt, beleidigende Nachrichten zu erhalten oder dessen Inhalt uns stört, jegliche Kommunikation mit dieser Person unterbrechen und dies den zuständigen Behörden melden.

- Bewahrt unangebrachte Nachrichten auf, um sie der zuständigen Behörden zur Verfügung zu stellen, damit sie nach eigenem Ermessen handeln können.

- Auf der gleichen Weise, wenn man erfährt, dass eine andere Person oder ein Freund ein Opfer von

Cybermobbing ist, ist es wichtig, nicht daran teilzuhaben, noch sich auf die andere Seite zu wenden, sondern die Eltern oder Lehrkräfte warnen, um das Leiden von Misshandlungen des Opfers zu stoppen.

- Traue niemals Geschenke oder verdächtige Vorschläge von Unbekannten, vereinbare kein Treffen mit Unbekannten.

- „Spiele nicht das Spiel" des Cybermobbers.

- Wenn man sich von jemandem unter Druck oder beleidigt fühlt, gib nicht zurück oder beleidige nicht das Gegenüber, da das Resultat nur die Verlängerung oder die Verstärkung der Gewalttaten sein wird.

- Sich an Personen wenden, die auf das Thema vorbereiten sein könnten, sei es für das Alter oder für den ausgeübten Beruf, sodass sie Angaben geben können, wie man sich benehmen soll und wie man die Online-Misshandlung stoppen kann.

- Die von den Experten vorgelegten Leitlinien befolgen und die Kontakte vom Netz entfernen, die man nicht behalten will.

- Es kann auch hilfreich sein, die Dienstanbieter zu den unangebrachten Aktionen oder Nachrichten zu informieren, bei denen das Cybermobbing vorgefallen ist (Internetanbieter, Chat-Kanäle, Facebook, Tuenti, etc.), um ein Veto auf solche Inhalte oder auf dem belästigenden

Nutzer zu erheben, wenn sie es als angebracht erachten.

Kapitel 9. Das Cybermobbing und die Lehrkräfte

Ich erinnere mich noch daran, als ich das erste Mal mit dem System Moodle zu tun hatte, dank der Universität Isabel I, mit dem ich als virtueller Professor vorbereitet wurde. Ich hatte di Gelegenheit zu sehen, dass es nicht viel anders war, als wenn man es durch persönliche Interaktion getan hätte, man konnte nämlich Word Dokumente, PDF und Power Point Präsentationen gebrauchen, aber alles musste vorgängig organisiert und programmiert werden. Möglicherweise war das, was mir am meisten kompliziert vorkam, die Bewertung, Vorbereitung auf den Fragenbogen und die Tests. Wurden diese einmal überwunden, konnte man an neue Lektionen zugreifen.

Aber wenn mir etwas bewusst wurde, dann war es die Tatsache, dass die Studenten, sowohl Inländer als auch Ausländer, die Plattform vollkommen meisterten, viel besser als ich, und gaben Vorschläge und Angaben darüber.

Dies kommt möglicherweise von der Tatsache, dass die Jugendlichen, seit sie klein waren, den Zugriff auf Computern hatten und sehen ihn als etwas Natürlichem an, deshalb jedes Mal wenn ein neues Programm oder eine neue Plattform hinzukommt, meistern sie sie schneller und besser.

Wenn die sekundäre Bildung an sich schon seit langer Zeit eine von den stressigsten Ausübungen im öffentlichen Dienst angesehen wird, sollte man heute eine der immer häufiger auftretende Aspekte hinzufügen, nämlich das Cybermobbing.

Wenn auch in den letzten Jahren bedeutende Anstrengungen in Bezug auf die Identifikation und Behandlung des Mobbings unternommen wurden, in dem der Lehrer eine Schlüsselfunktion spielt, im Fall des Cybermobbing ist es nicht so klar, da es sich um ein Verhalten handelt, der sich ausserhalb des Schulzimmers manifestiert.

Dennoch können die Lehrkräfte die ersten Symptome des Leidens aufgrund des Cybermobbings erkennen und eine Warnung an die Eltern geben und sogar den Schüler zum Schulberater schicken, damit er geholfen werden kann. Aber damit es funktionieren kann, muss der Dozent die verschiedenen Formen, Ursachen, Symptome und die Konsequenzen des Cybermobbings kennen. Aber sind die Lehrkräfte wirklich auf das Cybermobbing vorbereitet?

Das ist es, was man mit einer Studie der Bildungsschule Ataturk zusammen mit der Social Sciences Vocational School, Universität von Marmara (Türkei), herauszufinden versuchte, dessen Ergebnisse in der Fachzeitschrift The Turkish Online Journal of Educational

Technology publiziert wurden.

An der Studie haben vierhundertzwölf Pädagogikstudenten teilgenommen, davon 71.6% Frauen.

Es haben alle drei Fragebögen beantwortet, den Personal Information Form, in dem sozio-demografischen Informationen erfasst werden, den C.B.A.S (Cyberbullying Attitude Scale), in dem das Verhalten des Dozenten gegenüber dem Cybermobbing analysiert und der M.S.P.S.S (Multidimensional Scale of Perceived Social Support), um die Rolle der erhaltenen sozialen Unterstützung zu studieren.

Die Ergebnisse zeigen, dass 17.7% der Teilnehmenden zwischen 2 und 5 Jahren angefangen hat, das Internet zu nutzen, während 74.5% es seit über 5 Jahren nutzt.

Es wird von 34.7% von 1 bis 2 Stunden am Tag genutzt, 35% zwischen 2 und 5 Stunden und 16.3% mehr als 5 Stunden. In 52.4% der Fälle wird es für Social Network genutzt und 25.7% für das Studium.

Es gibt ausserdem signifikante geschlechtsspezifische Unterschiede in Bezug auf Cybermobbing; Die Lehrerinnen sind anfälliger auf diese Problematik; Im Gegenteil, was den Lehrern betrifft, schätzen diese die erhaltene soziale Stütze und haben eine grössere Berücksichtigung dafür, was eine bessere Unterstützung in Cybermobbing ermöglicht, falls dieser auftaucht.

Es ist zu berücksichtigen, dass in anderen Gesellschaften, aufgrund der Abneigung des türkischen Volkes, eine neue Studie vonnöten ist, um eine Lösung dafür zu finden.

Auf der gleichen Weise, sind die Pädagogen nicht die einzigen Dozenten, die eine Ausbildung auf Cybermobbing erhalten müssen, vor allem im Bildungswesen in der Mittel- und Oberstufenschule.

Es handelt sich um eine Realität, wie bereits erwähnt wurde, die immer häufiger in den Klassenzimmern auftaucht und zu der alle Lehrkräfte darauf vorbereitet werden müssten, sowohl für die Identifizierung als auch für das Eingreifen. Sie sollten wenigstens die geregelten Mechanismen kennen, um den Student abzuwenden, über den man den Verdacht hat, ein Opfer von Misshandlungen zu sein und somit so schnell wie möglich eine Lösung finden zu können.

Auch wenn diese Studie es nicht in Betracht zieht, gibt es auch ein anderes Phänomen, von dem nicht genügend gesprochen wird, nämlich das erlittene Cybermobbing von den Lehrkräften selbst.

Genau wie bei den Studenten, sollte es Mechanismen geben, um die Ausbreitung von falschen Anschuldigungen, negative Kommentare oder jeder andere Angriff gegenüber den Lehrkräften, zu vermeiden und zu stoppen, um somit verhindern zu können, dass eine weitere Situation von Cybermobbing entsteht.

Es ist etwas, das zuvor nicht beobachtet wurde, vielleicht weil die neuen Technologien in der Schule noch nicht so präsent waren, oder weil die Rolle des Lehrers ein gewisser Respekt genoss.

Nun, es scheint so, dass die Respektbarriere des Alters oder der Kenntnis verloren gegangen ist und jetzt sind es die Schüler, die die Lehrkräfte kritisieren, verhöhnen und sogar angreifen.

Es ist nicht zu vergessen, dass in vielen Fällen die Lehrkräfte informatische Migranten sind, das heisst sie mussten zwangsläufig etwas von den neuen Technologien lernen, stattdessen sind ihre Schüler besser in deren Nutzung, welche als „Digital Natives" gelten.

Sie chatten oder nutzen WhatsApp im Klassenzimmer, wofür die Lehrkräfte Massnahmen ergreifen müssen. Aber es sind genau sie, die zum Ziel von Spott, Streiche und sogar Beleidigungen über die Social Networks genommen werden, aber die Situation hört dort nicht auf. Manchmal wurden die Lehrkräfte von ihren Schülern sowohl verbal als auch physisch angegriffen, welche auf Videos aufgenommen wurden und diese dann im Internet in den Social Networks als „Scherz" und um den Lehrer zu verspotten geteilt wurden.

Das Auftreten dieses Phänomens hat eine Erhöhung von angegriffenen oder beleidigten Lehrern von den eigenen Schülern gebracht, die weit entfernt von einer Verhaltensänderung sind und auf gleicher Weise handeln werden, wenn ihnen ein Stellvertreter zugeteilt wird.

Einige Justizbehörden versuchen einen Weg zu finden, diese Verhaltensart zu verfolgen und zu bestrafen, das Problem ist, dass es sich in den meisten Fällen um Minderjährigen handelt und die Eltern verteidigen sie in der Gewissheit, dass es alles Unsinn und Quatsch sei. Das Resultat ist eine Erhöhung der Nachlässigkeit, das zur Wiederholung dieser Verhaltensweise führt.

Es sind viele die Personen, die einen Forum oder eine Chat nutzen, um über diesen oder den anderen Lehrer den „Dampf abzulassen", aber es gibt keine definierte Grenze zwischen dem Druckablassen und der Beleidigung oder sogar der Aggression. Es ist ein soziales Problem, bei dem man noch keine angemessene Lösung hat, man kann nämlich nicht die ganze Klasse verweisen, weil sie den Lehrer beleidigt oder gedroht hat, noch ihnen jede Art von Sanktion vorschreiben, dass ausserhalb des schulischen Umfelds geht.

Die Meinungsfreiheit ist eine weitere, verwendete Argumentation der Eltern, die weit davon entfernt sind, sich um die Situation zu sorgen und wollen dass ihr Kind das Studium so schnell wie möglich beenden, ob es dabei etwas lernt oder nicht.

Einige rechtliche Massnahmen haben versucht, dem Dozenten die verlorene Autorität zurückzugeben, indem sie diese Rolle einem Polizisten oder Richter gleichstellen, so dass, falls ihn jemand angreift, sei es ein Schüler oder sogar ein Elternteil, wäre es so, wie sie einen Polizisten oder Richter angreifen würden. Das bewirkt, dass die Sanktionen, gegenüber den zuvor erhaltenen Warnungen, weitaus grösser und schlimmer sein würden.

Genau wie bei dem Fall des Cybermobbings zwischen Schüler, hat die Polizei eine entscheidende Rolle wenn es darum geht, die Identität der Cybermobbers herauszufinden und die Verhaltensweisen, welche ausserhalb des Gesetzes sind, der Aufmerksamkeit des Richters zu bringen, damit sie in diesem Sinne agieren können.

Kapitel 10. Gewalt in digitaler Form

Im Folgenden übertrage ich ein Interview, das von Frau Encarni Iglesias Pereira vorgenommen wurde, Präsidentin des Verbandes „Stop Violencia de Género Digital", die uns die Schlüsselelemente dieser Art von Cybermobbing offenbart:

- Was ist die Gewalt in digitaler Form?

Es geht um all diese Gewalt, die man durch digitale oder telematische Medien erleidet.

- Was unterscheidet die allgemeine, digitale Gewalt von anderen Gewaltsformen?

Das Instrument, über das die Aggression geführt wird. Nicht einmal die Art der Aggression ist die Gleiche, wir sprechen hier von sehr wichtigen, psychologischen Angelegenheiten, die von dieser Art von Gewalt entstehen. Man darf die grosse Verbreitung und die Schnelligkeit, mit der sich die Dinge über Internet verbreiten, nicht vergessen.

Man denke zum Beispiel über einen Fall von Diffamierung nach; In wenigen Minuten können viele Personen erreicht werden, die davon in Kenntnis gesetzt werden können.

- Wie viele Fälle von Gewalt in digitaler Form treten derzeit auf?

Zurzeit sind die digitalen Gewaltsfälle, die in allen Bereichen angezeigt werden, sehr viele. Wenn auch das schlimmste, aus unserer Sicht, das Cybermobbing ist.

- Welche sind die zu ermittelnden Symptome um zu erkennen, dass man eine Gewalt in digitaler Form am Erleiden ist?

Wir haben mit sehr vielen Fällen zu tun, wo die Person sich nicht bewusst ist, dass sie ein Opfer von digitaler Gewalt ist. Jegliche Art von Belästigung, Verleumdung, Identitätsraub, etc... kann angezeigt werden.

In vielen Fällen, aufgrund der mangelnden Kenntnis der neuen Technologien, bringt den grössten Teil der Menschen zu glauben, dass im Netz alles erlaubt sei. Ich versichere euch, dass das Netz nicht anonym ist, alles hinterlässt ein digitaler Fingerabdruck.

- Zu welchen Konsequenzen führt die Gewalt in digitaler Form?

Es führt zu einem enormen psychologischen Schaden. In der aktuellen Gesellschaft erhält der psychologische Missbrauch noch nicht die nötige Berücksichtigung.

- Kann man die Gewalt in digitaler Form verhindern?

Ehrlich gesagt glaube ich nicht, dass man diese verhindern kann. Wir können uns schützen und versuchen, auf sichere Weise im Internet zu navigieren. Tatsache ist, wenn man weiss wie es funktioniert und man auf sicherer Weise navigiert, fühlt man sich stärker und deshalb, wenn zu einem bestimmten Zeitpunkt etwas geschieht oder man etwas ahnt, kann man das Ganze bis zu seinem Ursprung blockieren.

- Was ist Stop Violencia de Género Digital?

Stop Violencia de Género Digital ist eine Vereinigung, die zur Antwort auf das grosse Problem in der aktuellen Gesellschaft mit den digitalen Angriffen entstanden ist. So wie in den meisten Fällen, ist die Vereinigung nach einer sehr schlimmen und persönlichen Erfahrung entstanden, in der ich mich völlig hilflos fühlte, aufgrund der grossen Ignoranz bezüglich dieser Themen, die bei den meisten Leute und sogar bei den Sicherheitskräfte des Staates herrschte.

- Welche sind die Ziele von Stop Violencia de Género Digital?

Dass jeder weiss, falls man ein Opfer von irgendeiner

Art von Online-Gewalt sein würde, an wem man sich wenden kann.

- An wen richtet sich Stop Violencia de Género Digital?

An all diese Leute, die unter irgendeiner Art von Online-Gewalt leiden.

- Wer ist an Stop Violencia de Género Digital beteiligt?

Die Vereinigung besteht prinzipiell aus Informatikspezialisten, aber wir haben auch Anwälte, Psychologen, Ermittler, Sozialarbeiter, etc... Die Wahrheit ist, dass wir auf die Unterstützung von einer sehr hohen Anzahl an Fachkräfte im verschiedenen Bereiche zählen können.

- Entspricht Stop Violencia de Género Digital den Forderungen der Gesellschaft?

Zweifellos. Man muss nicht vergessen, dass wir im digitalen Zeitalter leben, im Guten wie im Bösen.

- Welche Tätigkeit oder Initiative erzielt Stop Violencia de Género Digital?

Für die Vereinigung ist das wichtigste Merkmal die Erziehung. Wir organisieren Treffen in allen Zentren, die uns anfragen, mit dem Ziel, bereits im jungen Alter eine

Sensibilisierung über die mit sich bringenden Gefahren des Internets zu erschaffen.

Wir konzentrieren uns auch auf die Ausbildung der Fachkräfte. Man muss sich bewusst sein, dass die Behandlung für die Personen, die wegen jeglicher Art von Misshandlung leiden, sehr feinfühlend sein muss und die Führung eines korrekten Protokolls vorhanden sein.

Wir arbeiten auch mit anderen Vereinigungen mit Laboratorien, Treffen, etc... zusammen, zusätzlich zu den Beratung und Hilfeleistungen an Personen zu liefern, die es verlangen.

- Welche sind die bereits erreichten Ziele von Stop Violencia de Género Digital?

Wir sind sehr begeistert, vor allem für die Sensibilisierungsmassnahmen, die wir in den Schulen anbieten, weil wenn die Kinder auf korrekte Verhaltensweisen sensibilisiert und angewiesen werden, dann sind wir am Verhindern, dass es zukünftige Opfer und Täter geben wird.

Auch die Anerkennung der geheilten Personen durch unsere Vereinigung erfreut uns enorm.

Schlussfolgerungen

Trotz der Kürze dieser Arbeit, wurden die wichtigsten Punkte einer Problematik dargelegt, die immer grössere Besorgnis, vor allem im Bildungsbereich, hervorruft und die immer jüngere Jugendlichen trifft.

Man konnte auf die Zusammenarbeit von renommierten Fachleuten des Gebietes zählen.

www.ingramcontent.com/pod-product-compliance
Lightning Source LLC
LaVergne TN
LVHW052312060326
832902LV00021B/3846